Le Code de la propriété intellectuelle interdit les copies ou reproductions destinées à une utilisation collective. Toute représentation ou reproduction intégrale ou partielle faite par quelque procédé que ce soit, sans le consentement de l'Auteur ou de ses ayants droit ou ayants cause est illicite et constitue une contrefaçon sanctionnée par les articles L. 335-2 et suivants du Code de la propriété intellectuelle.

Droit de citation — Conformément à l'article L. 122-5 du Code de la propriété intellectuelle, les courtes citations sont autorisées, sous réserve que soient indiqués clairement le nom de l'auteur et la source. La citation doit être brève et intégrée au sein d'une œuvre construite pour illustrer un propos. La citation ne doit pas concurrencer l'ouvrage original, mais doit plutôt inciter le lecteur à se rapporter à celui-ci.

Sépia

Chansons et poèmes

Thierry BRAYER

Du même auteur :

Le rabot de Louis
Roman

Sous le métro, la plage !
Roman

Au clair de Lune
Roman érotique sous forme de nouvelles

Jean Ier : les cinq jours
Biographie historique

Abricotin le lapin
Nouvelles pour jeunes lecteurs

En savoir plus :

www.thierrybrayer.fr
thb@thierrybrayer.fr

À Paul-Robert THOMAS, sans qui…

Sépia

Les mots qu'on ajoute
Aux peines
Qui viennent,

Les gens qui s'éloignent
De nos routes
Sans doute,

Et quand la souffrance
Impose sa présence,
Par hasard, on découvre qu'il…

Passe, le temps passe,
Et voilà que la vie s'efface,
Les images d'autrefois
Sont déjà sépia…

Des rides qui s'attardent
À des yeux
Silencieux,

Un miroir qui trahit
Le visage
Sans trucage,

Pas vu ces hivers
Qui un à un s'ajoutèrent
En silence, sans violence et il…

Passe, le temps passe,
Et voilà que la vie s'efface,
Les images d'autrefois
Sont déjà sépia…

Les cris d'une école
Lointaine
Reviennent,

L'enfant de son âme
Et son rire
En délire,

Blesse, innocent
Les rêves simplement
Et nous rappelle, éternel, comme il…

Passe, le temps passe,
Et voilà que la vie s'efface,
Les images d'autrefois
Sont déjà sépia…

Passe, le temps passe,
Tant de pas, si peu de traces !
Les images d'autrefois
Sont déjà sépia…

Sépia

C'est l'heure

C'est l'heure du croissant trop chaud et du café très noir.
C'est l'heure de la tasse brûlante entre ses mains.
C'est l'heure où la brume danse comme une gitane.
C'est l'heure où la pluie remonte vers le Nord.
C'est l'heure où le livreur de sodas se réchauffe.
C'est l'heure où les taxis se lèvent.
C'est l'heure où les taxis se couchent.
C'est l'heure où la radio termine ses confessions.
C'est l'heure entre le loup et le chien.
C'est l'heure où ceux qui sont encore là croisent ceux qui n'y sont déjà plus.
C'est l'heure où ceux qui partent ne pensent qu'à revenir.
C'est l'heure où les pendules ne sonnent pas encore.
C'est l'heure où les vieux se sentent jeunes.
C'est l'heure du premier sourire de Notre-Dame.
C'est l'heure du premier cri du métro.
C'est l'heure où la parole redevient vantarde.
C'est l'heure où la rue s'abandonne au trottoir.
C'est l'heure qui ne connaît jamais de grasse matinée.
C'est l'heure où le sommeil rentre se coucher.
C'est l'heure où demain n'est plus qu'un souvenir.

C'est l'heure qu'on attendait depuis hier, à la même heure.

C'est la plus belle heure, ne la manquez pas !

Sépia

Y a des jours comme ça

Il y a des jours où les gens naissent
Quand d'autres partent.
Il y a des vies qui restent
Quand d'autres passent.
Y a des jours comme ça…

Y a des moments qu'on croit éternels,
Mais qu'on ne saisit pas assez,
Alors quand vient le jour de se faire la belle,
On se dit qu'on aurait dû un peu mieux regarder !
Y a des jours comme ça…

Le temps n'est pas un ami.
Même si on l'apprivoise,
C'est lui qui nous meurtrit
Profitant qu'on s'embourgeoise !
Y a des jours comme ça…

Et puis le soleil nous laisse à des jours plus vieux,
Et la tempête qui se lève
Ne saura nous rendre heureux.
Y a des jours comme ça…

C'est pire que tout, cette habitude
De dire bonjour puis au revoir,
Jusqu'au jour où se dénude

Ce futur qu'on pensait obligatoire !
Y a que des jours comme ça…

Alors, on fera semblant
De ne pas s'oublier,
Juste avant que le présent
Ne signe un pacte avec le passé.
Y a trop de jours comme ça…

On se cache trop de soi-même
Et on oublie de se livrer,
De dire aux autres qu'on les aime,
Et bien trop souvent de les embrasser.
Y a des vies comme ça….

Ce n'est pas compliqué, enfin je crois,
De s'avouer vaincu par ses sentiments,
De parler d'amour et d'amitié pour une fois
Sans rougir, sinon ses yeux d'enfants ?
Y a des gens comme ça…

Alors, et si on se faisait la fête
Avant que l'un ou l'autre ne parte ?
Qu'on lui dirait peut-être
Qu'il va nous manquer,
C'est le jour à ça !

Et puis, dans un unique silence,
Pour une minute d'éternité
Avant ce trop-plein d'absence
Disons-lui la Vérité !
C'est le moment à ça…

Sépia

À chacun ses mots,
À chacun ses gestes,
Offrons-nous les plus beaux,
Et même les plus modestes.
C'est le moment pour ça !

Pour que le canal de nos souvenirs
Coule et coule encore,
Puis s'évapore avant de revenir
En gouttes de pluie sur tout notre corps.
Comme des larmes de bonheur,
Comme des rires d'oiseaux !
Comme le sang qui palpite dans le cœur,
Du plus frais des ruisseaux.
Comme des pétales de roses
Qui n'oublient jamais leur parfum,
Comme le jeu d'un virtuose
Ou la plume d'un écrivain,
Faut pas rater ça…

Et chaque goutte sera magique
Comme une lampe d'Aladin
Et nous empêchera d'être amnésiques
Ça ! J'en suis certain.

Mais…

Il y a des jours où les gens naissent
Quand d'autres partent.
Y a des jours comme ça.
Et celui-là, je ne l'aime pas.

Je te veux

Je te veux comme un parfum
Aux mille senteurs pour être unique.
Je te veux comme une fleur
Aux mille couleurs pour être magique.

Je te veux comme un livre
Quand la dernière page n'existe pas.
Je te veux comme un tableau
Qu'il faut toucher avec les doigts.

Je te veux comme une chanson
Que l'on fredonne sans cesse.
Je te veux comme un oiseau
Confiant de mes caresses.

Je te veux comme un arbre
À l'abri des temps qui passent.
Je te veux comme un chemin
Libéré de ses impasses.

Je te veux comme un miroir
Aux multiples facettes.
Je te veux comme un bateau
Au large de la planète.

Je te veux comme une île
À aborder en secret.
Je te veux comme une boussole
Si jamais, je me perdais.

Je te veux comme une rivière
Vive et grandissante.
Je te veux comme une étoile
Lointaine et présente.

Je te veux comme une bulle
Vaporeuse et légère.
Je te veux comme une héroïne
En folle aventurière.

Je te veux comme le vent
Qui soufflerait tes mots d'amour.
Je te veux comme ce cœur
Battant comme un tambour.

Je te veux comme les saisons
Plus belles à chaque fois.
Je te veux comme ces hivers
Serrés quand il fait froid.

Je te veux comme une enfant
Fragile et sincère.
Je te veux comme un papillon
Se jouant de l'éphémère

Je te veux comme ce nouveau monde
Que l'on prie de naître.
Je te veux comme ce paysage
Que l'on invente de sa fenêtre.

Je te veux comme la vie
Sans jamais plus regarder derrière.

Sépia

Je te veux comme la folie
Salée-sucrée, douce et amère.

Je te veux à l'infini
Je t'y attends déjà.
Je te veux ailleurs
Et même partout, je crois !

Je te veux réalité
Et changer le goût de mes rêves.
Je te veux en réalité
Et aimer le goût de tes lèvres.

Je te veux aujourd'hui
Comme je te veux hier et demain.
Je te veux aujourd'hui
Pour notre histoire sans fin.

Je te veux comme tu es
C'est bien là l'important.
Je te veux comme tu es
Tant qu'existera le temps.

Et surtout, je te veux,
Pour n'être rien qu'à toi,
Enfin…

Sépia

L'Alter-Écho

Sur les bancs
Des métros usagers,
Y a des gens
Qui se prennent à voyager.

    Cœurs ouverts
    Au-delà du tunnel,
    Ils s'aèrent
    En dessous des gratte-ciel.

    Y a pas d'îles
    Pour leurs pavés sans plage,
    Leurs idylles
    Sont des ombres sans visages.

    Ils picolent
    Leurs courages dans le noir,
    Mais l'alcool
    Pue l'odeur des dortoirs.

    Cette suante foule
    Se sent seule à pleurer,
    Mais s'écoule
    Sans rien faire pour changer.

    Et voilà !
    Sans voir qu'elle se fait face,

Elle est là,
Dans son couloir en impasse.

À parler un langage
Sans consistance
Sans nuages
Sans vacances.

Cette foule de moins que rien
Vaut pour elle,
Mais sait bien que demain
Sentira encore les poubelles.

Alors ces clochards,
Ces S.D.F. du métro,
Ces simili pommards,
Ces buveurs au goulot,
Sont bien seuls,
Sur les bancs
Des métros usagers
Sans que jamais,
On ne leur apprenne à voyager.

Sépia

Les débutants

Par nos cœurs tatoués des regards incessants
Des éclairs assassins sur nos vies de cocagne,
Nos balades enchantées en lacets de montagne
Vers des cols buissonnent nos désirs sacripants.

Loin des rêves démolis par le souffle des heures,
Balayés et perdus comme un gîte ibérique,
Au plus fort des tempêtes, les grains de pierres abdiquent
En sablier de mots et s'égrènent en douceur.

Ces instants à connaître en prières cachées,
Ces premiers edelweiss à vivre en notre ciel
Conjuguent toi et moi en un même pluriel,
Dans ce temps si parfait qu'on ne peut l'avouer.

Voici comme un frisson qui nous claque la joue,
Nous réveille bien tard en ce jour qui s'impose.
Il invente un sourire si présent que l'on n'ose
Se cueillir, s'approcher, braver ses garde-fous.

Cette fable imprévue nous oblige un silence
Par le vent qu'on redoute, comprenons en complice
Les frôlements de mots et l'amour qui s'y glisse
Comme le désir furieux de battre l'imprudence.

Nos mains se froissent déjà des rumeurs qu'on retarde.

Ces moments sans couleurs se profilent à dix pas.
Les bruits de leurs regards dégoulinent en fracas
Oublions la rumeur et la haine qui bavardent !

Peu importe le temps qui s'enfuit en ruisseau :
Regardons bien au loin, cet horizon sans terre !
Qui juge et qui condamne pour nos yeux adultères :
Les leçons à donner ne sont vierges de défauts.

Quelle morale à créer pour une vie prochaine ?
Comme les envies de nous à renaître plus fortes.
Pour une histoire secrète, qui se joue à nos portes
Il faudra maladroits vraiment que l'on s'apprenne.

L'espoir

J'ai bâti un château de sable,
Et le vent l'a balayé
En un souffle.

J'ai bâti un château de cartes,
Et la Terre l'a démonté
En un tour.

J'ai bâti un château d'eau,
Et le soleil l'a bu
En un rayon.

J'ai bâti un château d'Espagne,
Et la route s'est effondrée
En crevasses.

J'ai bâti un château fort,
Mais avec des mains trop douces !

J'ai rêvé des secondes pleines,
Moi qui ne dors plus.

J'ai bâti des étoiles :
Paraît que j'ai de beaux yeux !

Je croirais même en Dieu !
Mais lui, me croirait-il ?

Alors, j'ai tracé des plans
Sur des pages froissées
Et me suis perdu, c'était gagné !

Pourtant, je me reflète
Dans mes gouttes de pluie,
Et la lumière qui s'y dépose
N'a que des couleurs claires.

J'attends les questions
Aux réponses que je m'invente,
Et le temps qui décompte
Ne s'inquiète pas de moi.

J'ai bâti cette dune
Pour attraper mon mirage.
S'il n'en reste qu'une poussière,

Alors,

Je bâtirais un château de sable
Que le vent balaiera
En un souffle.

Malgré tout ça,
J'y crois encore !

Sépia

L'homme qui souriait dans sa tête

D'un pas presque trop sûr, à faire mentir le vent,
Il s'agrippait aux pierres des chimères de passage.
Il les suivait sans peine, sans regret, sans bagage,
Sur sa Terre infinie, comme un défi au temps.

On le traitait d'idiot, ce roi en son pays !
Pour oublier sans doute qu'il dérangeait nos lois,
Mais il était si fou, tant il tendait les bras
Que jamais l'on n'osa faire attention à lui.

Il n'existait pour lui aucune tour d'ivoire.
De ces cités aveugles, il en volait les murs,
Guidé par les couleurs que son soleil murmure,
Et sans prêter fenêtre à qui ne saurait voir.

Quelle arrogance fardée pour ce regard sans faille
Au travers de mille ombres d'un univers sans tain !
Comment imaginer ce vigueur baladin
Imposer ses pastels à l'hiver qui grisaille ?

Il descendait la rue au flux de son bonheur
Les yeux si loin, si loin qu'il semblait déjà vivre
Les moments attendus des embruns qui enivrent
Et dérident les visages des plus profondes peurs.

Son esprit inégal à nos cerveaux binaires
Donnait à sa raison un bien bel air de fête.
Alors, j'entends cet homme, qui souriait dans sa tête.
Je sais qu'il la verra encore longtemps, la mer.

Quais de gare

Un quai de gare
Où les mondes
S'égarent
Et se fondent
Hagards
Dans la masse
D'un train
Qui efface
Les premiers liens
Les dernières traces
D'un amour
D'une rencontre
D'un jour
Qui ne compte
Sans retour
Le bruit d'une porte
Qui se referme
Et qui emporte
Des gens
Peu importe
Devant, derrière,
Se regardent
Pourquoi faire
Mieux se taire
S'en aller
Prendre l'air
Sans pleurer

Rire amer
C'est trop tard :
Je vous hais, vous, les gares.

Sépia

Le premier mai

Je voulais lui offrir du muguet, c'était le premier mai.
Je suis sorti de bonne heure.
J'ai acheté un brin, c'était le premier, mais…
Me porterait-il assez bonheur ?

Alors j'en ai pris un second, le début d'un bouquet.
Je les ai serrés contre mon cœur
Pour qu'ils sachent ce que c'est
Que de parler d'amour en chœur !

Et un troisième, pour avoir plus de cachet
Et ne plus avoir peur,
Et un quatrième, au point où j'en étais !
Ça ne peut pas faire de mal, trop de douceur !

Ces petits brins se sentaient bien, se sentaient prêts
À porter mon amour en convoyeurs
Vers celle à qui je voulais offrir, ce premier mai,
Un message en forme de fleur

Et j'en ai repris encore tant il y en avait
Que j'ai démuni tous les vendeurs,
Alors finalement : tout ce que je sais
C'est que ma venue leur a porté bonheur !

Sépia

Petite Fille, petite femme

Petite fille, comme tes yeux sont beaux !
Ils chantent l'amour sans savoir les mots.
Ils pensent fort que tes lendemains
Te garderont de tous les chagrins.
Ma fille, tu sais comment j'ai peur ?
Ma fille, tu sais comme ton bonheur
S'appuie sur le mur vieilli de mes erreurs.
Petite fille, méfie-toi des hommes !
Qui ne pensent qu'à croquer la pomme…
Petite fille, Petite femme.

Petite fille, comme tes mains sont tendres.
Ta chair est blanche, pure à s'y méprendre.
Tes seins se gonflent, mais ne te protègent
En rien du monde qui te tend son piège.
Ma fille, tu sais comme je suis ?
Ma fille, tu sais comme je vis
Ta vie, contre la mienne déjà lointaine.
Petite fille, protège-toi des hommes !
Qui ne pensent qu'à croquer la pomme…
Petite fille, petite femme.

Petite fille, comme ton ventre est blond !
Jamais foulé de pas vagabonds.
C'est le trésor de ton innocence,
Le fruit en or, né de ma patience.
Ma fille, tu sais, je voudrais ?
Ma fille, tu sais, j'aimerais
T'offrir le courage qui m'a tant manqué.
Petite fille, défends-toi des hommes !
Qui ne pensent qu'à croquer la pomme…
Petite fille, petite femme.

Petite fille, comme tu es loin !
Je ne peux plus que croiser les mains
Et te sentir déjà t'envoler,
Vers l'avenir que je me suis rêvé !
Ma fille, je sais, tu as raison !
Ma fille, je sais, mais à quoi bon
Te dire les larmes qui naissent de mes regrets.
Petite fille, aime pour moi les hommes !
Ma vie, la tienne, enfin, c'est tout comme…
Petite fille, petite femme.
Petite fille, aime pour moi les hommes !
Ta vie, la mienne, sont unies en somme…
Petite fille, te voilà femme.

Sépia

À ta ville comme à ta Seine

Écoute, moi qui te parle de loin !
Tous les chemins vers toi me ramènent
Ma première histoire d'amour enfin.
Je t'aime à ta Ville comme à ta Seine.

Ces inconnus qui te piétinent :
Je les maudis de mes cris de haine
De méconnaître leur chance divine.
Je t'aime à ta Ville comme à ta Seine.

Que mes prières soient prises aux mots
Pour qu'un jour mes souvenirs reviennent
Avec le même parfum de ton métro.
Je t'aime à ta Ville comme à ta Seine.

Je n'ai pas vraiment peur de t'oublier,
Mais que personne jamais ne comprenne
Que je puisse autant te désirer.
Je t'aime à ta Ville comme à ta Seine.

Tes rues avec ses maisons boiteuses
Comme des os chargés de lourdes peines
Renferment autant d'histoires merveilleuses.
Je t'aime à ta Ville comme à ta Seine.

Je n'ai pas vraiment fini de t'apprendre,
De te connaître de te sentir mienne,
Pour la main que je voudrais te tendre.
Je t'aime à ta Ville comme à ta Seine.

Paris, je protégerais ton innocence
De ceux qui te sont immoraux.
Je te défendrais de tes offenses
Même si mes armes ne sont que des mots.

Pardonne-moi encore si je tremble !
Quand je pense à ceux qui te sourient,
Si je ne suis pas jaloux, ça y ressemble !
Je t'aime à ta Ville comme à ta Seine.

Sépia

NYC and I see...

La romantique aux rues carrées comme des heures,
M'offre sa danse, m'offre ses chœurs.
La première des portes d'un improbable monde,
M'offre son ventre comme une femme trop féconde.

Je circule en son île, je respire, je squatte,
Je lisse ses rues jaunes de la gauche vers la droite.
Du nord au sud, je saccade ses avenues citoyennes,
Puis je diagonalise sa large voie de comédienne.

J'arbore sa centralité de verdure si je m'époumone.
Je reprends vie dans son silence qui bouillonne,
Qui me dit tout ce que j'ai à savoir,
Pour naviguer en son corps et en son histoire.

Me voici le capitaine d'un vaisseau gigantesque !
Échoué, seul au monde ou presque !
Rassuré, entouré, de mille et une houles,
Comme un ruban qui m'enlace, qui m'enroule.

Elle est pourtant si intime, si fragile,
Si calme puis tempétueuse, si versatile

Mais fière comme un drapeau au vent,
Comme une poitrine de femme-enfant.

Aurais-je ma vie pour la comprendre ?
Ai-je même passé assez de temps à l'attendre ?
Laissez-moi penser que oui !
Laissez-moi penser…

Alors que s'alanguissent les jours et les nuages,
Baisant les buildings sans exhibe, sans ambages,
Je ne suis que rampant dans ce presque labyrinthe,
Que je puzzle pourtant de mes chaudes empreintes.

Mes empreintes : j'ai foulé cette terre,
De chair, de béton, de soleil et de verre,
Moi, l'infinitésimal rien à l'échelle du Vrai
Voilà maintenant que je sais !

Je suis ici, et toi tu es là. Quel est ce destin ?
Adverbes cruels, devenez humains !
Devenez l'un, devenez l'autre, fusionnez-nous !
Que nos moitiés se gonflent en un unique tout !

Je veux sentir ton odeur impertinente,
Ton regard de femelle, ton envie insolente,
Et te voir me prendre en tes bras insolites
Pour m'entraîner au tréfonds de notre coït.

Je saurai patienter pour te reconquérir,
Puisque je sais que tu veux de moi,

Sépia

Juste mon courage qui se doit de naître,
Pour te conter joliment fleurette.

NYC ce que je n'ai pas osé croire
And I see plus que je ne pensais voir.

Chanson pour Loé

Je te vois t'endormir sur ton siège en osier,
Tout près de la télé qui tamise le salon.
Mais toi, tu n'entends pas, t'es bien trop fatiguée !
Et puis tu es devenue sourde, tu t'es coupée du son.

Tu es belle, ma Loé, tu es belle comme une vieille
Qui se cache du temps sans se faire oublier.
Tu n'as de compte à rendre, ni à toi ni au soleil.
Tu es sage et tu ne perds plus rien à attendre.

Ce soir, le feu de bois n'est plus qu'un tas de cendres,
Seule, une braise rougie nous empêche d'avoir froid.
Je te pensais bien rude, fichu mois de décembre !
Oui, mais à ce point-là, je n'imaginais pas.

Ma Loé,
Voici ma main qui te caresse.
Ma Loé,
Ton corps fragile pleure ses faiblesses.
Ma Loé,
Je te l'assure, y a rien qui presse.
Ma Loé,
Jouons-nous du temps qui reste.

Je peux venir vers toi, ça me ferait plaisir ?
Me blottir bêtement et respirer ton souffle.
Des bonheurs comme ceux-là ont bien su nous unir.
Allez serre-moi fort, je veux que tu m'étouffes !

Dis-moi, tu te rappelles nos sorties vagabondes
Dans toutes nos campagnes aux routes fabuleuses ?
La boue qu'on rapportait énervait tout le monde,
Alors, tu te cachais, t'étais pas courageuse !

Tu étais très heureuse à la moindre visite.
Tu ne voulais jamais retourner te coucher.
Tu as toujours aimé où que l'on habite,
Du moment qu'il y avait ton siège en osier.

Ma Loé,
Je vois la nuit qui t'interpelle.
Ma Loé,
Qui fait des signes, qui te fait la belle.
Ma Loé,
N'écoute pas, sois-moi fidèle.
Ma Loé,
Faut pas que le temps nous musèle.

Comme j'ai envie, je te le jure,
Que le printemps renaisse à l'hiver !
Que tu repartes à l'aventure.
Je ne veux pas t'écouter te taire.

Sépia

Tu me prépares là un long silence.
Je ne crois pas que je vais l'aimer !
Bien sûr ! Je sais, tu n'en as pas conscience,
On n'en avait jamais parlé !

Ma Loé,
Que c'était bon, que c'était bien !
Ma Loé,
C'est vrai quinze ans, ça n'est pas rien !
Ma Loé,
Laisse-moi te dire avant la fin…
Ma Loé,
Qu'elle fut trop courte… ta vie de chien.

Sépia

Dans ma radio

J'ai respiré la saison du nord de l'Amérique [1]
Et visité la terre où il ne pleut pas. [2]
J'ai dévoilé les sirènes de ce port d'Égypte [3]
Aimé la femme-soleil moitié nue d'Ibiza. [4]

Les ombres de L.A. tendrement me bichonnent
Dans ce charmant hôtel de Californie. [5]
Loin du divan de ma chambre de bonne
J'ai l'impression étrange d'y avoir déjà dormi.

Ma vie, c'est une ballade imaginaire,
Même sans loyer, je suis locataire.
C'est la Terre entière qui m'accoste
Quand je regarde mon poste !

Ma vie, c'est une balade clandestine,
Je la vis au fond de ma cuisine.
C'est fou le nombre de photos
Que je vois dans ma radio la-la-la,
Dans ma radio…

J'ai vu Paris au réveil [6] quand Frisco posait sa brume [7]
Danser sur des violons mes cousins d'Acadie. [8]
Sur le pain de Rio [9], j'ai même décroché la Lune [10]
Et conduit une Rolls à Memphis-Tennessee ! [11]

J'ai suivi la route de Rochefort [12] jusqu'à Belle-Île [13],
Parlé aux oiseaux [14] pris la main des enfants [15],
Bu des cafés pour juste voir passer les filles [16],
Comme ne le font plus les moins de vingt ans…

Ma vie, c'est une ballade imaginaire,
Même sans loyer, je suis locataire.
C'est la Terre entière qui m'accoste
Quand je regarde mon poste !

Ma vie, c'est une balade clandestine,
Je la vis au fond de ma cuisine.
C'est fou le nombre de photos
Que je vois dans ma radio la-la-la,
Dans ma radio…

Que de beaux romans, que de belles histoires ! [18]
Naissent des haut-parleurs comme Atlas géant. [19]
Ces couleurs humides ont mis le feu à ma mémoire [20] :
Je coupe le volume et je les entends…

Et je gagne Toulouse [21], Manille [22] et puis Singapour [23].
Je me sillonne simplement des instants d'amour. [24]

Par ces chansons, je trouve ma vie bien plus belle
Chaque jour quand je descends mes poubelles…

Sépia

1.	L'été indien	13.	Belle-Île en mer
2.	Ne me quitte pas	14.	Il
3.	Alexandrie, Alexandra	15.	Prendre un enfant par la main
4.	Melissa	16.	Chez Laurette
5.	Hôtel California	17.	La bohème
6.	Il est cinq heures	18.	Un beau roman
7.	San Francisco	19.	Atlas le géant
8.	Les Acadiens	20.	Comme ils disent
9.	Si tu vas à Rio	21.	Toulouse
10.	L'Hymne à l'amour	22.	Né quelque part
11.	Sur la route de Memphis	23.	Le blues du businessman
12.	Les demoiselles de Rochefort : la chanson des camionneurs	24.	L'instant d'amour

Bonjour ma nuit

Te voici ma nuit qui glisse à pas de lune
La fraîcheur du soir dans mes bras d'enfant.
Te voilà si belle brisant mon infortune
À prier le jour de brûler moins longtemps.

Bonjour à toi la nuit : tu es ma certitude !
Mon horizon bleuté, mon café brûlant.
Tu nettoies mon lit de mes pires habitudes,
Et sous ton drap, je m'éveille doucement.

Tu vivras en moi comme la pire des maîtresses.
Je crierai en toi comme ton seul amant
En des mots rassurés pour notre plein d'ivresse.
Te voilà ma nuit : y a trop de jours que je t'attends.

Partons en délire de cette sombre histoire
Emplir de couleurs nos chemins trop marqués.
Dépose tes ailes, là, sur ma terre d'ivoire,
Tu es partout : je te sens m'éclairer…

Chantons au clair de toi une ode à ta lumière.
Avant de se coucher dans un champ lacté.
Mais si je suis l'homme, c'est bien toi qui m'enserre !
Tu es si belle ainsi évaporée…

Tu vivras en moi comme la pire des maîtresses.
Je crierai en toi comme ton seul amant
En des mots rassurés pour notre plein d'ivresse.
Te voilà ma nuit : y a trop de jours que je t'attends.

Qui pourra bien me dire si ma passion est folle ?
D'aimer cette inconnue qui s'offre au tout-venant !
C'est bien en son corps que grandit la luciole,
Quand ici le soleil n'est que trop couleur de sang.

Tu vivras en moi comme la pire des maîtresses.
Je crierai en toi comme ton seul amant
En des mots rassurés pour notre plein d'ivresse.
Te voilà ma nuit : y a trop de jours que je t'attends.

L'envol

C'est parce que je me sens si bien
Qu'il ne faudrait pas que je m'endorme !
Je ne veux pas de bitume sur mon chemin,
Je ne veux pas de moquette devant ma porte,
Je ne veux pas de ticket pour prendre le train.

Je crois bien que c'est le moment
De me servir de mes ailes !
Je vais les ouvrir doucement :
Vous pouvez lâcher la ficelle,
Je vais du côté du cerf-volant !

Mais faut vraiment que je m'envole.
La vie ne s'apprend pas à l'école.
Mais faut vraiment que je m'envole.
Pardonnez si je quitte le sol,
Je suis né de vos conseils,
Mais maintenant, il faut que je m'essaye.

Aux mille plaisirs de se revoir,
Voici le temps des nouveaux rêves.
Je vous réviserai chaque soir,
Mais de ma vie, je suis élève,
Et je veux changer de couloir.

Ne croyez pas que je sois prétentieux !
Je ne suis même pas sûr de savoir faire,
Mais j'avancerai de mon mieux,

Et si je fais un pas de travers
Priez pour moi que je n'en fasse pas deux !

Mais faut vraiment que je m'envole.
La vie ne s'apprend pas à l'école.
Mais faut vraiment que je m'envole.
Pardonnez si je quitte le sol,
Je suis né de vos conseils,
Mais maintenant, il faut que je m'essaye.

Dites ! Je veux rester votre ami !
Même quand j'aurai les pieds dehors ?
C'était bien de croiser nos vies,
Sachez que jamais je ne vous ai menti,
Et surtout que je vous aime encore,

Mais faut vraiment que je m'envole…

Sépia

Ma plus jolie chanson

Les mots d'amour pleuvent en chansons.
En arc-en-ciel, en notes magiques.
Et de ton corps naissent vingt et un sons :
C'est bien toi ma plus jolie musique !

Au vent qui souffle des airs de batailles,
tapant canon sans aucune mesure,
Je préfère à ces fous de mitrailles
La mélodie qu'inspirent tes courbures.

Au son fragile d'un cristal,
Quand mes doigts respirent ta peau,
J'entends vibrer comme une cigale,
J'entends couler un ruisseau.

Jamais, on n'empêchera
Mes mains de t'entendre…

Le flux des mers qui dépose
Note après note, son chant des sirènes,
Sur un sable en portée, compose
Une mélodie de porcelaine.

Poupée d'une boîte à bijoux,
Tu danses au battement du cœur
Qui crie le désir si fou
De t'aimer mille fois par heure.

Jamais, on n'empêchera
Ma bouche de t'entendre…

T'attendre encore à l'unisson
N'est pas une peine enfin !
Je te regarderai comme une chanson.
Je ne veux pas d'amour sans refrain.

Jamais, on n'empêchera
Mes yeux de t'entendre…

Les mots d'amour pleuvent en chansons.
En arc-en-ciel, en notes magiques.
Et de ton corps naissent vingt et un sons :
C'est bien toi ma plus jolie musique !

Alone, alone

Quand c'était l'âge d'inventer
Le parfum tendre des baisers,
Le courage des rêves de l'amour
S'évadait quand renaissait le jour.

Tous les mots doux qui ont glissé
N'ont survécu aux feux d'étés.
Les premiers pas de nos histoires
Tremblent encore au large de nos mémoires.

Puis lentement désabusé
De ces appels à cœurs saignés,
On voyage dans un autre monde
Pendant des mois, des années, des secondes.

Alors, on jette par sa lucarne
Souvent la rage, parfois des larmes,
Hurlant nos poings contre le vent,
Pour qu'il nous sème l'amour tout bêtement…

La vie recule à trop grands pas.
C'est bien connu, on ne s'y fait pas !
Mais qui voudrait que solitude
Rime encore avec, vous savez quoi ?

Savoir les mots qu'on n'apprend pas,
Savoir les dire, ça ne suffit pas !
Pour les entendre, les recevoir ?
Et pire encore, pour simplement les croire !

Alone alone alone alone alone,
Serons-nous toujours solitaires ?
Alone alone alone alone alone,
Serions-nous les seuls sur la Terre ?
À rêver,
À penser,
À aimer ?

Sépia
L'hymne à la mer

Derrière un voile d'embruns s'écoule en silence,
Sa peine déferlant sous des falaises d'ignorance.
Et jamais non jamais par tous ses bras dans la terre,
L'on ne se doute qu'elle nous invite à croiser ses estuaires !

Elle étend là sous nos pieds tant de vagues de caresses.
Elle offre à nos mains les larmes de sa détresse.
Mais qui l'entend jeter ainsi ses plaintes au vent,
Et partir à la dérive comme un vulgaire continent ?

Elle envoie son message au plus profond des sources,
Mais les fleuves oublient d'inverser leurs courses.
Et jamais non jamais par tous ses bras dans la terre,
L'on ne se doute qu'elle nous invite à quitter la poussière !

Elle tente un appel à nos mémoires enterrées.
Profitons encore qu'elle veuille bien nous pardonner.
Écoutons sur nos plages ses moments de reflux,
Elle nous dit :

— Je vous aime, pourquoi vous ne m'aimez plus ?

Las depuis longtemps : sera-t-elle pour nous
Un souvenir lourd devant nos yeux à genoux ?
Prions que jamais non jamais elle ne se retire,
Car si on l'abîme encore, préparons-nous tous au pire

C'est un hymne à la mer, rien de plus important
Que chanter cet amour innocent !
Qu'elle porte à la vie,
Comme elle apporte la vie,
Comme elle porte la vie.

Sépia

Elle se sent vide, dit-elle

Elle se sent vide, dit-elle.

Pourtant, elle est pleine d'entrain ; elle est pleine de vie ; elle est pleine de ressources.

Mais elle se sent vide…

Vide parce qu'elle n'est pas remplie par l'amour qu'elle attend, espère, prie, réclame, par l'amour qu'elle s'est inventé, par l'amour qui lui est destiné… Mais non, il s'attarde, cet amour, ailleurs sans doute ?

Que fait-il pour elle ?

Que fait-elle pour lui ?

Oui, que fait-elle ?

Elle regarde et se fait regarder, elle charme et se fait charmer : elle désire, mais se fait désirer. Trop, un tout petit peu trop, et finalement, beaucoup trop ! Elle est désirable au point d'être inaccessible ! Elle est inaccessible au point d'être désirable. D'aucuns disent qu'elle allume, d'autres qu'elle éclaire… La certitude dit qu'elle est brillante, et elle en est certaine !

Et elle, que veut-elle ? Surtout pas d'une histoire d'une seconde, non surtout pas ! Mais elle n'a pas le temps pour une histoire de plus d'une seconde. Son temps n'a plus de temps à se consacrer et à se trouver. Ni longue, ni courte, son histoire à venir, elle ne la veut...

Mais alors, que veut-elle ?

Ne plus se sentir vide, dit-elle.

Qui peut combler ce vide ; qui peut la combler ? Veut-elle même l'être ?

Pas sûr ! Car être dans le vide, c'est espérer ne plus y être !

Jamais !

C'est espérer tout court ! Toujours ! Son espoir la fait vivre, la fait rêver, la fait être une femme vivante, la fait être elle !

Même si elle se sent vide, dit-elle.

Sépia

Tags

T'écris sur les murs des villes
Des mots qu'on ne comprend pas !
D'aucuns trouveront que c'est débile
Ces lignes, ces traits et ces croix.

Sans savoir ton mobile,
Sans connaître ta loi,
Ces gens nommés très utiles
T'ont condamné, tu n'as pas le choix.

Pas si facile de parler
Avec des mots inconnus.
Mais qui pourra t'écouter
Sans t'avoir déjà lu ?

Tes couleurs sont si belles
Que le ciel en pâlit,
Tu n'es pas criminel
Mais faut que tu peignes la nuit.

Tes mains glissent sur le béton
Comme des danseuses d'Opéra.
Quelles sirènes tout au fond
Ont inspiré tes doigts ?

Tu chanterais presque si
Tu n'avais pas la crainte
De ne pas avoir fini
La vie que tu as peinte !

Combien de fois tu as pensé
Que tu étais hors du temps…
Marginal, t'as créé
Tes éphémères printemps,

Pour raconter dans tes tags
Que tu es né sans le vouloir,
Que ta vie ressemble à un gag
Mais qui voudrait bien te croire ?

T'écris sur les murs des villes
Des mots qu'on ne comprend pas !
D'aucuns trouveront que c'est débile
Ces lignes, ces traits et ces croix.

Sans savoir ton mobile,
Ni même connaître ta loi,
Ces gens nommés très utiles
T'ont condamné, tu n'as pas le choix.

C'est pas normal

Nous sommes tous
Des morceaux d'étoiles,
Des bouts de rien
Aux allures animales.

Nous sommes tous
Des morceaux de métal,
Venus de loin
Pour une histoire banale.

Et puis après, c'est plus pareil.
Y'en a qui naissent quand d'autres pleurent.
Fallait savoir que le soleil
Ne fait pas pousser pour tous les mêmes fleurs ?

Pas sûr qu'il y ait une morale !
C'est pas normal !

Nous sommes tous
Des morceaux d'étoiles,
Des bouts de rien
Aux allures animales.

Nous sommes tous
Des morceaux de big-bang,
Venus de loin
Pour une Terre plus grande.

Mais on ne sait pas quand on s'éveille
Combien le vide se compte en heures.
Chacun son tour de tenir la chandelle
Mais y'en a bien trop qui ont gardé la leur.

Pas sûr qu'il y ait une morale !
C'est pas normal !

Nous sommes tous
Des morceaux d'étoiles,
Des bouts de rien
Aux allures animales.

Nous sommes tous
Des morceaux de comètes,
Venus de loin
Simplement pour faire la fête !

Quand on repartira dans l'espace
On va raconter quoi à nos enfants ?
Qu'on s'y est battu malgré toute la place !
Et qu'il y en avait qui en voulait tellement !

Pas sûr qu'il y ait une morale !
C'est pas normal !

Nous étions tous
Des morceaux d'étoiles,
Des bouts de rien
Aux allures bestiales.

Sépia

Nous étions tous si bien sur la planète,
Qu'elle est si loin et nous, qu'est-ce qu'on est bête !
C'est pas normal !

Sépia

Le chemin des bourdons

Tiens ! Comme ils ont grandi les arbres
Qui me suivaient tous les matins !
Ils jetaient dans mon cartable
Leurs quelques noix pour tuer ma faim.

Je ne croyais pas qu'ils toucheraient le ciel.
Je n'étais pas vraiment plus grand qu'eux.
Et les voilà presque immortels !
Juste avant qu'ils ne soient trop vieux !

Tiens ! Où est passée la fontaine,
Et son lavoir abandonné ?
Derrière la grille, j'entends à peine
Ses gouttes d'eau déjà rouillées.

Je ne pensais pas la voir se taire.
Nous qui avions tant bavardé
La voilà repartie sous terre.
Mais, qui va donc m'aider à chanter ?

Sur le chemin des bourdons,
Y a plus de bourdons.
Je sais plus si c'est un chemin,
Je ne sais même plus rien !
Sur le chemin des bourdons
J'vois bien que c'est tout vide,
Et s'il a pris des rides
Peut-être, j'en ai aussi ?

Tiens ! Dans le parc y a du monde
Autour des vestiges romains.
Dire que moi, pas une seconde
Je n'ai pu y galoper comme un gamin !

De la rue Contant près du collège,
Juste au pied des Grands Coteaux,
Je le chemine comme je le rêve,
Pourrait-il être encore plus beau ?

Sur le chemin des bourdons,
Y a plus de bourdons.
Je sais plus si c'est un chemin,
Je ne sais même plus rien !
Sur le chemin des bourdons,
J'vois bien que c'est tout vide,
Et s'il a pris des rides
Peut-être, j'en ai aussi ?

Tiens ! Je le croyais immense !
Je le traverse un peu surpris.
Les petits pas de mon enfance
Me le rendaient presque infini.

Ce n'est pas un lieu magique
Mais je voulais juste vous le montrer,
Descendez un peu la vitre
Ça fait du bien de respirer…

Ce chemin des bourdons, c'est un miroir lucide,
Et s'il a pris des rides, sûrement que j'en ai aussi.

Sépia

Clément

À mon fils

Clément, mon enfant,
Alors que tes dix ans fredonnent
Un air de fête foraine,
De manèges, de jeux à perdre haleine,
Je voudrais simplement,
Je voudrais doucement
Que tu me pardonnes

Les gestes que je n'ai pas eus,
Les mots que je n'ai pas dits,
Les regards que je n'ai pas sus
Porter sur ta vie.

Clément, mon enfant,
Mon tout-petit mon si grand,
Je ne sais de nous deux
Trop peu de choses à présent.
Clément, mon enfant,
Mon si petit mon tout grand,
Je ne sais de nous deux
qui est encore enfant…

Clément, mon enfant,
Alors que tes dix ans résonnent
Dans ma tête
Comme le tambour de ma défaite,
Je voudrais simplement

Je voudrais doucement
Que tu me donnes

Ta main pour me rassurer,
Serrée pour me guider,
Sans un mot à dire
Pour à jamais s'unir.

Clément, mon enfant,
Mon tout-petit mon si grand,
Je ne sais de nous deux
Trop peu de choses à présent.
Clément, mon enfant,
Mon si petit mon tout grand,
Je ne sais de nous deux
Qui est encore enfant…

Sépia

Le train quotidien

Au quai déjà, ce n'est pas l'accord.
On est à peine, et l'on s'endort.
Sans mots à dire, mais pas sans voie,
Le train nous siffle, et l'on s'en va.

Le paysage qui se défile
Par lâcheté sans au revoir,
Jette ce monde presque utile
À nos yeux sans nous crier « Gare ! »

Pas un arrêt pour un amour,
Pas un regard aux alentours,
La vie sans un détour
Va s'en aller sans retour.

C'est un petit train quotidien
Qui se balade par les chemins,
Sans interlude, mais comme un jeu
De villes en vies, presque affectueux.

On s'habitue aux voyageurs,
Comme on dit « tu » au contrôleur.
Pourquoi changer ses aiguillages ?
Pourquoi quitter sa voie de garage ?

Allez, ce n'est pas foutu si on se déchaîne.
Allez, ce n'est pas perdu même si l'on traîne
Les pieds devant l'issue de secours :
Sa vie mérite bien un détour…

Celle dont on aura pris la main
Comme le signal qu'on tire soudain,
Sera la voie de la sagesse
De cette vie bien trop expresse.

Prendre un billet c'est si facile
Pour partir en train en place assise !
Mais tortillards et omnibus
Nous jettent quand même au terminus !

Il n'est pas fou de se pencher
Par les fenêtres pour regarder,
Tous ces rails qu'on croit sans fin
Qui nous amènent jusqu'à demain.

Chacun le sien, moi j'ai choisi
Celui qui chante cet air-ci :
C'est un petit train quotidien,
Je vous le laisse, ce n'est plus le mien…

Sépia

La revanche

C'est pas l'heure et c'est pas le moment,
Le bonheur, c'est pas pour l'instant.
La douceur, c'est comme un enfant :
Faut attendre, attendre son temps…

C'est pas l'jour à poser des questions.
Demi-tour ? C'est pas la solution !
Un détour ? Ça serait bien trop long.
Faut juste y croire, comme à une évasion.

C'est pas moi qui décide de tout.
J'suis pas l'roi de ma vie de fou.
Je sais pas d'où vient ce dégoût.
Faut savoir, savoir à quoi je joue.

Il reste un peu de temps pour trouver ma route.
Il reste un peu de vent pour envoler mes doutes.
Il reste un peu de sang pour couler goutte à
goutte,
De mes veines, vers les tiennes…

Plus de rêves, j'ai assez perdu,
Faut pas que j'crève, c'est peut-être pas foutu.
Elle est si brève, cette vie tordue.
Je me relève, tu deviens mon salut !

Je découvre le soleil et mon ombre à mes pieds
Sortie d'un sommeil, m'aide à traverser

Ton regard m'émerveille : m'aurait-il pardonné
D'enfin te voir, sans plus te décevoir ?

Terminées les journées noires
Et finies les nuits blanches,
Assez des histoires qui roulaient en avalanches,
Enfin une victoire, faudrait plus que je flanche,
Car c'est l'heure, l'heure de la revanche.

C'est l'heure, c'est bien le moment,
Le bonheur naît en moi doucement,
De ton cœur, tout simplement
Je t'aime…

Sépia
Il faut que je parte

Ce n'est pas toujours important
De comprendre le sens de la vie.
On a vite fait de perdre son temps.
Dire qu'on n'en a pas jusqu'à l'infini.

Mais il y a quand même des questions
Que je ne devrais jamais me poser,
À trop vouloir des explications
Pour savoir comment mieux t'aimer !

Je suis désolé, crois-moi !
De nous laisser l'un sans l'autre.
Même si mes yeux vont toujours vers toi,
C'est vrai que mes pas font tout autre.

J'ai tant besoin de comprendre
Comment et puis pourquoi je t'aime.
Et j'espère que tu vas attendre,
Que je revienne…

Mais il faut que je parte
Pour savoir si je t'aime
Mais il faut que je parte
Et tant pis si je t'aime

Je veux retrouver l'amour
Que j'ai perdu en chemin.
Promis je fais demi-tour
Si je te sens trop loin !

Mais il me faut partir
Pour mieux nous revenir…
Mais il me faut m'échapper
Pour mieux te retrouver…

C'est compliqué

Le dictionnaire, comme un cerveau,
Ne sait pas se taire, c'est son boulot.
Ses pages volent, comme un oiseau
Vers des paroles, vers un nouvel écho.

Et quand les lettres forment des sons,
Voilà peut-être une très jolie chanson.
Mais tout message est bien compliqué,
C'est tant dommage de passer à côté…

Ce n'est pas la peine d'user le temps
Avec des phrases que nul ne comprend.

Ce qui importe, c'est bien le geste.
Les mots s'emportent alors que nos cris restent !
Les souvenirs de nos plus beaux instants
Sont sans mentir, sûrement des mots d'enfants.

On peut alors se répéter sans cesse :
Ça vient du corps, tout comme une caresse.
Jamais la même, réfléchissons enfin :
Pour la donner, on ne change pas ses mains !

Ce n'est pas la peine d'user le temps
Avec des phrases que nul ne comprend.

C'est compliqué de dire des mots simples.
C'est compliqué de rester humble,

Sans s'empêcher, et s'interdire,
De dire tout ce qui a déjà été dit.

C'est compliqué de parler simplement d'amour,
Avec les mêmes mots de tous les jours.
C'est compliqué de prononcer
Ces mots « je t'aime » sans rien ajouter ?

Envie de vous

Envie de vous…
Toucher deux mots d'amours,
Avant que mes mains
Ne rencontrent vos mains,
Juste envie de vous…
Dire bonjour,
Vous, l'inconnue de mon chemin.

Envie de vous…
Parler de mes espoirs.
Et si jamais les mots me manquent,
C'est simple, pour vous, j'en invente !
Juste envie de vous…
Dire l'amour
Vous, l'inconnue de mon destin.

Envie de vous…
Donner tous ces jardins
Qui naissent aux nuits « je t'aime »
Quand nos yeux se lèvent enfin,
Envie de vous…
Aimer sans peine
Vous, l'inconnue de ce matin.

Envie de vous…
Garder auprès de moi.
Vous chercher fut ma pénitence,
Mais mon chemin, je crois !

Voici ma vie en renaissance,
Moi, le chanteur, le baladin

Envie… C'est tout,
C'est con, c'est bête !
Mais je l'avoue
Voudriez-vous me croire peut-être ?
J'ai envie de vous… connaître
Voudriez-vous me croire enfin ?
J'ai envie de vous… prendre la main.

Voudriez-vous me croire enfin ?
J'ai envie de vous… revoir demain.

Sépia

Mélancolie jolie

Elle se dépose sans même un cri
Sans violence, au clair des nuits
Comme un soupir au creux d'un rêve
En un sourire en bord de lèvre.

Puis, une larme se réveille
Et ôte le temps de son sommeil.
Nos yeux se perdent dans un passé
Qu'on a gâché ou trop aimé.

Alors, c'est pour vivre demain
Par nos gestes d'hier
Sur Terre,
Qu'il faut voir en ses mains,
Les traces si profondes
Du monde.

Elle nous griffe son insolence.
Elle nous sourit son innocence,
Naissant d'une ride au clin d'un soir,
Tuant le vide de nos mémoires.

Elle effeuille comme l'on respire
Nos jours futurs en souvenirs.
Elle nous blesse par erreur
Nous rassure, mais nous fait peur !

C'est pour nous aider demain,
Par nos gestes d'hier
Sur Terre,
Qu'il faut voir en ses mains
Les traces si profondes
Du monde

Mélancolie jolie
Mélancolie si belle
Tu fais corps à nos vies
Tu fais cœur à nos rêves
Tu nous reflètes comme un miroir
Tout le bien-être de nos histoires

Mélancolie jolie
Mélancolie si belle
Qui te voit ennemie trompe de querelle
Je sais que tu vis de nos douleurs
Mélancolie, j'entends hurler ton cœur.

Un poème

J'avais envie de t'écrire un poème
Pour nous sortir du quotidien,
Loin des mots qui saignent,
Juste te parler avec ma main.

Glisser sur le papier les quelques mots
Que ton futur m'inspire.
En choisir certains et les plus beaux
Pour que tu m'écoutes te lire :

Ce que je cache au fond de moi,
Parce que j'ai peur,
Parce que j'ai froid.
Ce que je veux, ce que je crois,
Parce que je meurs
D'envie de toi.

Ça ne suffit pas toujours de vouloir
J'en suis bien conscient !
Trop souvent c'est le pouvoir
Qui vient calmer nos élans.

Je sais que tu peux être inquiète
De moi, l'inconnu qui te respire
Comme ne pas être prête
À entendre mon souffle te dire ?

Ce que je cache au fond de moi,
Parce que j'ai peur,
Parce que j'ai froid.
Ce que je veux, ce que je crois,
Parce que je meurs
D'envie de toi.

Le temps est là, comme un ami.
Si je sais l'aimer, il m'aimera.
Je ne serai plus seul mais avec lui
Et pour t'attendre, il m'aidera.

Alors, je veux, par ce petit poème,
Te rassurer, comme te séduire !
Juste espérer que tu me reviennes
Pour pouvoir enfin te dire :

Ce que je suis au fond de moi,
Que j'ai plus peur,
Que j'ai plus froid.
Ce que je veux, en quoi je crois,
Pour avoir toujours
Envie de toi.

Dites-le-moi

C'est un type presque ordinaire
Pas le genre à faire des manières
Mais plutôt des sourires !
C'est un type presque banal
Mais avec un bon mental
De quoi me faire réfléchir !
C'est un type pas trop physique
Mais d'une allure sympathique
Assez pour me faire frémir.
D'aucuns le disent médiocre
Mais des critiques, il s'en moque !
Et de moi aussi, ça me fait souffrir.

Je voudrais sentir en lui un geste
Un seul, juste un prétexte
Qui me donnerait du baume à loisir,
Un souffle, un regard complice,
Un mot, une main qui glisse.
Ou un message que je saurai lire
Mais qu'il n'aille pas vers l'autre
Commettre à jamais cette faute
Qui me ferait mourir…
J'aimerais tant l'aimer, j'en ai la force,
Et puis m'approcher de son torse
Pour définitivement m'y blottir.

Pour le moment je le regarde
Et je prie pour que Dieu me le garde

Toujours à mon avenir.
Je verrais si mon courage demain
Guidé par les rêves du matin
Saura me le conquérir.
Une nuit encore à attendre
Pour des moments si tendres
C'est bien là le premier plaisir
Que je me donne à espérer,
Même si avant de commencer,
Tout pourrait déjà se finir ?

De qui des hommes ou des femmes
Préfère-t-il la compagnie ?
Sur quel corps court son âme
Quand il est minuit ?

De qui des femmes ou bien des hommes
A-t-il le plus envie ?
Si jamais vous êtes médium,
Alors, dites-le-moi, je vous en prie.

Sépia

Ma Shéhérazade

Tu me contes bien des histoires
Pour me retenir en haleine
Depuis moins de mille et un soirs
Toujours ces mêmes non-fins soudaines.

Et moi, naïf comme un peintre,
Je retarde le moment ultime
De t'achever par mon étreinte
Et silence ton souffle éponyme.

Tu peux être fière de tes amants
Qui sont nés de ton joli culot :
Ali, Sindbad, Aladin, sûrement
Ne sont peut-être pas que des mots.

Mais moi le roi, j'ai eu moins de chance :
Parce que j'ai été trompé, trahi
Par une femme sans nuance,
Alors, je me venge sur celle qui suit.

Pourquoi te faire confiance, belle parleuse ?
Tu ne m'aimes pas, tu protèges tes sœurs ?
Pour les ôter à cette fin tutoyeuse,
Tu es prête à te sacrifier sans pudeur.

Espères-tu ma clémence, ma bonté ?
Même pour le plaisir que tu fredonnes,
Tu te dois encore de me redouter
Avant que je ne me décaparaçonne.

Pourtant je laisse encore la vie t'animer
Pour que demain, à Bagdad,
Tu me fasses l'amour pour l'éternité
Ma Shéhérazade…

C'est pas toléré

Je ne suis pas
Comme on veut que je sois,
Parce qu'ici-bas
Faut aller toujours droit

Sans jamais se tromper,
Même pas juste une fois,
Vivre comme on croit,
Vous le savez,
C'est pas toléré !

Je ne pense pas
Qu'il faut porter sa croix
Comme on le dit
Depuis qu'on est petit,

Sans jamais hésiter,
Ni même s'interroger,
Vivre comme on aime,
Vous le savez,
C'est pas toléré !

Pourtant moi j'aimerais vraiment choisir
La couleur de chacun de mes sourires
Qui m'enchanteront sur les routes de ma vie.
Pourtant moi j'aimerais vraiment vous dire
La douceur de chacun de mes désirs
Qui me guideront sur les doutes de ma vie.

Je ne vois pas
Pourquoi j'écouterais
Toutes ces paroles
Tomber comme un couperet,

Sans jamais leur dire non !
Pas de choix me dit-on ?
Vivre comme on veut,
Vous le savez,
C'est pas toléré !

Je ne sais pas
Qui peut souffler ce vent
Mais laissez-moi,
C'est tellement important,

Penser, Imaginer,
Et surtout espérer !
Mais Vivre ses rêves,
Vous le savez,
C'est pas toléré !

Pourtant moi j'aimerais vraiment écrire
Une belle histoire qu'on ne peut pas prédire
Et qui m'emportera loin, dans ma vie.
Pourtant moi j'aimerais vraiment partir
Ici personne ne pourra me retenir
Laissez-moi prendre soin de ma vie.

Sépia

Zanguief

Dites-moi si vous savez ce qu'est un **SDF** ?
Trois lettres pour une vie, trois lettres seulement.
Je vous en raconte une, celle de Zanguief :
Trois minutes pour une vie, si vous avez le temps…

Zanguief, on le dit **S**ale **D**angereux et **F**ou
Dans le regard des gens, une **S**ensation **D**e **F**lou
Ses rêves ? Rien que des **S**ouvenirs **D**e **F**oyers
Sa liberté ? Sa **S**eule **S**ource **D**e **F**ierté

Aucune **S**olidarité **D**e sa **F**amille
Paraît même qu'il a perdu **S**es **D**eux **F**illes
Quelqu'un vous a dit qu'il **S**ouffrait **D**e **F**olie ?
C'est chaud-glacé de **S**urvivre **D**ans des **F**aux lits

Toute sa vie, il **S**upporte **D**es **F**ardeaux
L'amour, l'amitié lui font **S**ouvent **D**es **F**aux
Il est – on s'en doute – **S**ans **D**emoiselle **F**ixe
Pas de télé pour **S**e mater **D**es **F**ilms X

Dehors dedans c'est un **S**entiment **D**e **F**risson
D'abandon, un **S**entiment **D**e toucher le **F**ond
Zanguief galère dans le **S**ud **D**e la **France,**
Ça serait pareil aux **S**tates, à **D**unkerque, à **F**lorence.

Être **SDF,** Ce n'est pas encore la fin du monde
Mais pour Zanguief,
C'est pourtant le début d'un autre…

Turquoise

Turquoise comme le chant du ciel un soir de juillet, quand un rai de lune croise un rai de soleil, par connivence.

Turquoise comme une larme de bise sur une mer plus rose que le rose d'une rose, plus bleu que le bleu du plus noir de la nuit qui n'existe pas encore pour tous.

Turquoise comme des rochers détachés des bagues, attachés aux vagues, dans un reflux semblant au flux, là où justement, il n'y en a jamais, parce qu'inutile.

Turquoise comme une mer noyée à moitié dans la Terre, ou une terre à moitié noyée dans la mer, je ne sais plus…

Turquoise comme la lumière qui tamise le sable et l'eau, pour n'en faire naître que du Pur et du Véritable.

Turquoise comme le silence d'une vie qui bat et se débat vers un avenir déjà empli de souvenir.

Turquoise comme une histoire bercée de doux moments translucides et prismés, et qui offre elle-même le temps qu'il lui faut pour être lue.

Turquoise pour que se détache un visage d'ailleurs et d'aujourd'hui, sans attendre demain, mais juste l'espérer.

Turquoise comme des promesses interdites, qui font peur autant qu'elles rassurent, ces fameuses promesses que l'on se fait avant de mettre son visage dans l'oreiller.

Turquoise comme une couleur improbable, d'une rencontre improbable, pour un bonheur forcément probable.

Turquoise comme la richesse que l'on ne possède pas, mais qui nous possède, instinctivement.

Turquoise comme l'impossible, le si rare, l'imprévu, l'inattendu tant attendu, l'espoir tant espéré, le présent qui tarde à se présenter.

Turquoise comme du rêve, comme une émanation, une composition cérébrale, sans preuve, sans besoin de preuve ou de prouver à quiconque. Quant à soi, on sait.

Turquoise comme un signe, comme une évidence, à saisir autant délicatement que sûrement.

Turquoise comme un instant essentiel, invisible pour les autres qui n'ont que des yeux, avait dit le renard.

Turquoise, comme un mot qui ne s'écrit pas et seulement se regarde et se comprend.

Turquoise comme une chaleur qui ne brûle pas, mais qui réchauffe des envies de tout.

Turquoise comme turquoise, parce que Turquoise ne s'explique pas, turquoise se vit, se ressent et parce que Turquoise c'est rare et précieux, comme une turquoise.

Turquoise comme jamais ce ne fut turquoise,

Turquoise, parce que.

Sépia

Le temps

Le ciel est couleur de Terre
C'est donc qu'il faut sortir !

Le ciel est couleur de terre
C'est donc qu'il faut rentrer…

Silence de mort

Boulevard Arago, des oiseaux chantent
Dans un silence peu parisien, peu habituel.
L'un dit : j'aimerais que ce soit calme,
Oui, que ce soit calme ainsi comme ce matin !

Pourtant, boulevard Arago,
Il y a souvent du bruit,
Tous les jours, toutes les nuits
Mais pas aujourd'hui ?

Parce qu'au loin, un homme à l'instant
Vient d'en perdre la tête :
Alors, les hommes enchaînés se taisent,
En hommage !
Ce silence en valait-il sa peine,
Boulevard Arago ?

C'est chose vraie

Quand les choses s'avèrent
C'est qu'elles sont dans la vérité !
Quand les choses ne s'avèrent pas
C'est qu'elles sont dans leur contraire
Ou alors dans le doute.
Mais quand elles s'avèrent vraies,
Alors, elles sont dans le pléonasme
Rien de plus !
Et quand elles s'avèrent fausses
Alors, on ne sait plus quoi penser !
C'est comme une contre-vérité
Ou un véritable mensonge !
La vérité vraie est parfois ridicule !
Pas vrai ?

Bonsoir !

Mon cerveau est une passoire.
Y a trop de nœuds à mon mouchoir.
Mes souvenirs ne sont plus en blanc et noir.
Je ne sais plus si c'est le matin et le soir.
Je ne me reconnais plus dans mon miroir.
Où vont ces portes au bout de mon couloir ?
Il n'y a plus qu'une seule rime dans mon histoire.
Mon Dieu ! Je crois bien que j'ai perdu la.

Sépia

L'heure

Il y a un banc, tout blanc
Qui attend, il a le temps.
Et un air, tout vert
Volontaire, qui s'affaire
Un écureuil, sur le seuil
Qui recueille toutes les feuilles
Une, deux, trois, quatre, mille
Mille feuilles ?
C'est l'heure de mon goûter !
Fini de bayer !
De bayer aux écureuils
Et aux filles, à qui je fais de l'œil
Depuis mon banc tout blanc,
Qui attend, de tout son temps.

Saoul

Le piano pianote
Le marin matelote
Le ruisseau ruisselote ;
L'eau bouillotte ;
Le chat pelote ;
La langue épiglotte ;
Juliette Binotte ;
Le sang culotte ;
La vieille bigote ;
Le navire paquebote ;
Le vers s'asticote ;
Le champignon pleurote ;
La tête delinotte ;
Et moi, je sirote…

Sépia

Doucement les basses

Un hautbois dans une basse forêt
Faisait la basse-cour
À une flûte à bec de canard :
Il lui chantait des airs à la fois gras,
À la fois légers,
Pour mieux l'apprivoiser.
Mais la flûte de basse allure,
Se sentant regardée de haut,
N'apprécia pas cette basse besogne
Et décida de jouer les ténors.
Le hautbois devint alors basson
Et ne put que se faire battre
De plusieurs tons…

Sépia

Quelle nouvelle ?

L'animal, d'une taille inférieure à la moyenne de ses semblables, qui vit et croît sur la partie solide du globe, appartenant à la grande famille des félidés, qui est depuis fort longtemps maîtrisé par l'homme, à pelage souvent blanc, noir ou gris, se nourrissant de souris, de petites proies et de la nourriture servie par ses maîtres comme ce liquide blanc, opaque, de saveur légèrement sucrée, constituant un aliment complet et équilibré, sécrété par les glandes mammaires de la femelle ou de vertébrés aquatiques qui respirent au moyen de branchies et pourvus de nageoires locomotrices, a cessé toute activité, et ce, de façon définitive. [1]

---

[1] *Le petit chat est mort. (Molière in L'école des femmes)*

L'air

Elle avait l'air beau
Elle avait l'air belle
Elle était belle, deux fois.
N'était-ce pas beau ?
Elle avait l'air idiote
Mais elle n'avait pas l'air idiot
Elle avait l'air de rien,
Elle avait surtout bonne mine,
Elle avait l'air fine,
Et puis aussi l'air fin,
Comme quoi, on peut se tromper
Sur l'air des gens,
Suivant si ce qu'il y a devant
Est différent de ce qu'il y a dedans !

À table !

Il fut une histoire qui commença par la fin.
Il fut une fin qui se termina par le début !
Il fut un début que l'on n'attendait pas si tôt.
Il fut une nouvelle qui ne l'était pas.
Quelle drôle d'histoire !
Mais ça, c'est la fin, ou le début ?
Le livre est relié de bout en bout
Et d'un bout à l'autre, il n'y a pas de fin
Ni de début…
Par où commence-t-on alors ?
Par la faim, celle de lire
Et la soif, celle d'apprendre…

Bon repas !

Sépia

Un rien, c'est tout

Le vent sifflera une fois
Le flic sifflera deux fois
Le train sifflera trois fois
Un, deux, trois ?
Le brigadier frappe les trois coups
Le gamin fera les quatre cents coups
Le voyou donne mille coups
Trois, quatre cents, mille ?
Tout augmente, pour un rien !
Un petit rien donne trois fois rien
Mais rien, c'est déjà quelque chose
Non ?

Sépia

L'un sans l'autre

Il sert à quoi, Play-boy sans ses images ?
Ça serait qui Sheila sans ses rois mages ?

Quelle vie pour Laurel sans Hardy ?
Quel destin pour Clyde sans Bonnie ?

Et pour Bitter, sans Pellegrino ?
Et pour Milan, sans Remo ?

C'est quoi un slow sans les Platters ?
C'est qui Bob Marley sans les Wailers ?

Quel avenir pour le Christ sans Judas ?
Quelle solitude pour Wallis sans Futuna !

Où est Paris sans sa province,
Et Saint-Ex sans son p'tit prince ?

Peut-il y avoir la télé sans la pub,
Et du pot-au-feu sans bouillon cube ?

Quid d'Alexandrie sans Claude François :
Tout comme Aragon sans Jean Ferrat !

Et moi ?
Que serais-je sans toi ?

Épitaphe

T'es qu'un blaireau,
Une sorte de nabot,
Un gros bouffon,
Un véritable cochon,
Une sacrée canaille,
Une belle racaille,
La pire des ordures,
Rien qu'une sale pourriture,
Un très gros connard,
Un vrai tocard.
T'es qu'un mariol,
Un vulgaire guignol,
Une putain d'enflure,
Une raclure, une roulure,
Une petite mauviette,
Une grosse lopette,
Un impuissant,
Un mou du gland,
Un simple zonard,
Une crapule notoire.
T'es qu'un crétin,
Un idiot malsain,
Pire qu'un goujat,
Pire qu'un judas,
Une merde de branleur,
Un enculé de frimeur.
T'es qu'un con

Un crétin sans nom
Un type dégueulasse,
Une pauvre feignasse
Pire qu'un imbécile,
T'es un vrai débile…

Mais ce qui me fait le plus chier
Depuis que t'es parti de l'autre côté,
C'est que je ne vais plus pouvoir t'insulter,

Finalement, tu sais quoi ?
Ben, t'es qu'un bel enfoiré !

Sépia

Drôle d'époque !

Drôle d'époque !
Faite de bric et de broc,
Qui fait du mal et qui pique
Un peu trop tragi-comique.

Drôle d'époque !
Qui manque d'air qui suffoque,
Sans ses antispasmodiques
Elle frise la crise hystérique.

Drôle d'époque !
Vraiment un peu trop loufoque,
Coincés les zygomatiques
Regard apocalyptique.

Drôle d'époque !
Qui s'affaiblit qui débloque,
qui est à peine sympathique
métro boulot c'est cynique !

Drôle d'époque !
Qui bobardise qui escroque,
Chacun y va de sa logique
Vieilles dentelles et arsenic.

Drôle d'époque !
Mais c'est de qui qu'on se moque ?
Ce n'est pas très diplomatique

De me virer du générique !
Drôle d'époque !
Les continents se disloquent,
Et le soleil lunatique
Fait mentir les statistiques.

Drôle d'époque !
Qui se retourne, qui s'défroque,
Perdu sa ligne mélodique
Oooohh, la panique !

Automne

Écrites ! Toutes ces feuilles d'automne,
Comme les promesses de nos étés atones
Qui espèrent encore que le temps oubliera
De les faire jaunir pour une fois…

Priés ! Ces cœurs de toutes formes
Sur des écorces âgées et difformes
Où tant d'âmes les ont saignées
Depuis qu'on a appris à aimer.

Juré ! Que septembre ne sera pas né
Pour nous prendre nos années,
Écrites à la volée sous cet arbre
Que l'on aurait voulu marbre.

Alors,

Aux milliers de feuilles d'automne,
Et à leurs dessins que l'on crayonne,
Et à leurs notes que l'on chiffonne,
Et à leurs ébauches que l'on griffonne,
Je leur demande :

Que sont mes amours devenues ?

La terreur

C'est pas du jeu ! T'es même pas cap ?
Cours devant moi sinon j'te frappe !
Si tu m'doubles à la cantoch »,
J'te promets une paire de taloches
Et si tu me caftes à la dirlo,
Tu vas avoir mal aux abdos !
C'est moi, Zorro et Superman
— Mais j'ai rien fait, je vous l'jure, M'dame !
C'est pour de la faux, ça fait pas mal !
Suffit d'dire pouce, et puis j'détale !
Je ferai cent lignes, sûrement cent fautes
Mais je garderai ma tête haute.
Vrai que le soir, j'dois filer droit.
À la maison, j'ai aucun droit !
M'en fous, demain avec mon cartable :
Je s'rai le roi des bacs à sable.

Sépia

Sans aime et sans haine [1]

Je vous sais là,
Alertes, si près,
Qui offrez à la vie
Le soleil des phrases claires.
Je vous sais là,
Si palpables,
Qui sassez et ressassez
Le jour et le lieu où…
Je vous savais là,
Pour parler ardeur ou colère,
Pour avouer accord ou désaccord,
Pour déclarer affect ou dégoût
Alors ?
Vous, les deux lettres disparues,
Vous troublez les habitudes
et palissez les caractères !
Si votre bouderie est votre choix ?
Recevez grâce et faveur
Car le déficit est trop lourd
Pour poursuivre hors de vous.

---

[1] *Lipogramme en N et M*

Sépia

Famées

Anémone, Azalée, Brunelle, Bruyère, Camélia, Capucine, Circé, Clivia, Dahlia, Daisy, Delphine, Daphné, Edelweiss, Églantine, Euphraise, Fuchsia, Garance, Gentiane, Giroflée, Gretel, Hortense, Hyacinthe, Iris, Jacinthe, Lavande, Laurence, Lilas, Liliane, Liseron, Lisette, Magnolia, Marguerite, Margaret, Margot, Marjolaine, Marjorie, Mauve, Mélissa, Myosotis, Néottie, Pâquerette, Pensée, Peggy, Pervenche, Pétunia, Pivoine, Primerose, Primevère, Poppy, Reine, Rosalie, Rose, Suzanne, Valériane, Veilchen, Véronique, Violette, Yasmina, Yolande et Zinnia :

Que je vous aime, femmes en fleurs !

Sépia

Si j'avais su

Si j'avais su que lire ne fait pas se tourner les pages,
Si j'avais su qu'on peut donner des leçons sans être sage,

Si j'avais su comment toucher les étoiles,
Si j'avais su pour qui chantent les cigales,

Si j'avais su que la vie n'est pas un dû,
Si j'avais su pourquoi tant d'enfants vivent dans la rue,

Si j'avais su que demain peut ne pas exister,
Si j'avais su qu'hier n'est qu'un futur avorté,

Si j'avais su que la vie n'est pas une fin en soi,
Si j'avais su que ma vie trouve sa fin en moi,

Si j'avais su que la mort n'est qu'un début,
Si j'avais su combien souvent j'ai déçu,

Si j'avais su que mon fils deviendrait si vite mon père,
Si j'avais su que son fils deviendrait si vite son père,

Si j'avais su que le silence est le pire des bruits,
Si j'avais su que l'absence est la plus cruelle des nuits,

Si j'avais su qu'il y a des trains qui ne savent s'arrêter,
Si j'avais su qu'il y a des nuages devant la Vérité,

Si j'avais su que la Terre n'est ronde que vue de la Lune,
Si j'avais su que l'argent ne fait pas la fortune,

Si j'avais su que le vide, c'est déjà quelque chose,
Si j'avais su qu'il ne faut jamais, ô non, cueillir les roses,

Si j'avais su combien de pas il me reste à faire,
Si j'avais su pourquoi je ne sais pas me taire,

Si j'avais su que ton regard me parlait plus que ta bouche,
Si j'avais su combien je voulais partager ta couche,

Si j'avais su qu'on pouvait parler sans dire un mot,
Si j'avais su que voler ne me ferait pas oiseau,

Si j'avais su que les rires pouvaient souvent être tristes,
Si j'avais su qu'on pouvait aimer Allah, Bouddha et puis le Christ,

Sépia

Si j'avais su que les pleurs sont aussi du bonheur,
Si j'avais su que la pluie ne mouille que si on en
a peur,

Si j'avais su que l'hiver n'est pas le contraire de
l'été,
Si j'avais su que l'automne n'est pas une saison à
pleurer,

Si j'avais su donner avant même de recevoir,
Si j'avais su regarder et pas simplement voir,

Si j'avais su que le hasard se provoque,
Si j'avais su que le bien et le mal
s'entrechoquent,

Si j'avais su que la nuit n'est pas toujours noire,
Si j'avais su que rien n'est trop tôt mais souvent
trop tard,

Si j'avais su qu'il faut faire et défaire et refaire,
Si j'avais su que le soleil est si loin de la Terre,

Si j'avais su que l'on survit à ses erreurs,
Si j'avais su que l'on supporte souvent ses
douleurs,

Si j'avais su que rien ne sert de courir,
Si j'avais su combien il est important de partir,

Si j'avais su que les regrets peuvent tuer,
Si j'avais su que les humains sont capables
d'aimer,

Si j'avais su que le vent n'est pas l'ami de la tempête,
Si j'avais su qu'il est si bon, si bon de perdre la tête,

Si j'avais su que les routes sont immobiles,
Si j'avais su combien la vie est futile,

Si j'avais su marcher pour avancer,
Si j'avais su ne pas regarder mon passé,

Si j'avais su qu'il ne faut rien attendre,
Si j'avais su que je dois encore apprendre,

Si tout cela je l'avais su,
Aurais-je été plus fort que je ne le fus ?

Semblant

Je t'aime,
Tu m'aimes,
Mais on ne s'aime pas.
Voilà comme l'on s'aime,
Ou plutôt comme l'on ne s'aime pas.

Je t'attends,
Tu m'attends,
Mais on ne s'attend pas.
Voilà comme l'on s'espère,
Ou plutôt comme l'on se perd.

Je te rêve,
Tu me rêves,
Mais trop loin sont nos bras.
Voilà comme l'on s'endort,
Ou plutôt comme l'on ne dort pas.

Je te vois,
Tu me vois,
Mais on ne se regarde pas.
Voilà comme l'on s'évite,
Alors que le temps nous quitte.

Je te parle,
Tu me parles,
Mais on ne se comprend pas.

Voilà pourquoi tous nos mots,
Ne rencontrent jamais d'écho.

Je t'entends,
Tu m'entends,
Mais on ne s'écoute pas.
Voilà comme l'on est sourd,
À nos propres mots d'amour.

Je te touche,
Tu me touches,
Mais on ne se sent pas.
Voilà pourquoi nos caresses
Ne sont que maladresses.

Je te connais,
Tu me connais,
Mais on ne saura pas
Pourquoi on s'est loupés,
Pourquoi on va se manquer.

Je suis seul,
Tu es seule,
Mais toi et moi, ça ne fait pas deux.
Voilà qu'on ne sait plus s'ajouter,
Parce qu'on s'est bêtement divisé !

Alors, je pense à toi,
Et tu penses à moi,
Mais chacun pour soi.
Voilà comme l'on vit maintenant.
À moins qu'on ne fasse semblant ?

Sépia

Pas tout compris ?

Moi je peux écrire des histoires
Qu'il faut lire dans le noir,
Et puis je peux rire du malheur
De ceux qui se mettent les pieds dans le beurre !

Je peux aussi vous faire l'amoral,
Vous rabâcher le mal le mal,
Dealer de la consolance,
Enterrer la désouffrance.

Je peux, oh oui, si je le souhaite,
Vous parler de mon amie la chouette
Qui hulotte et hulule,
Qui ballotte et ondule.

Enfin si j'ai le temps, je peux même
parafriser en quatre « je t'aime »,
la vie que je coursensaque,
même si je suis à côté de la flaque

Mes nerfs se nerrent ; ma mère se terre ;
mon père, ce fier, se perd sévère ;
je capte que je flippe ;
je m'claque comme je plippe !

Et si tout ça ne veut rien dire,
Alors c'est que je me suis bien exprimé !

Sépia	*9*
C'est l'heure	*11*
Y a des jours comme ça	*13*
Je te veux	*17*
L'Alter-Écho	*21*
Les débutants	*23*
L'espoir	*25*
L'homme qui souriait dans sa tête	*27*
Quais de gare	*29*
Le premier mai	*31*
Petite Fille, petite femme	*33*
À ta ville comme à ta Seine	*35*
NYC and I see…	*37*
Chanson pour Loé	*41*
Dans ma radio	*45*
Bonjour ma nuit	*49*
L'envol	*51*
Ma plus jolie chanson	*53*
Alone, alone	*55*
L'hymne à la mer	*57*
Elle se sent vide, dit-elle	*59*

Tags	*61*
C'est pas normal	*63*
Le chemin des bourdons	*67*
Clément	*69*
Le train quotidien	*71*
La revanche	*73*
Il faut que je parte	*75*
C'est compliqué	*77*
Envie de vous	*79*
Mélancolie jolie	*81*
Un poème	*83*
Dites-le-moi	*85*
Ma Shéhérazade	*87*
C'est pas toléré	*89*
Zanguief	*91*
Turquoise	*93*
Le temps	*97*
Silence de mort	*99*
C'est chose vraie	*101*
Bonsoir !	*103*
L'heure	*105*

Saoul	*107*
Doucement les basses	*109*
Quelle nouvelle ?	*111*
L'air	*113*
À table !	*115*
Un rien, c'est tout	*117*
L'un sans l'autre	*119*
Épitaphe	*121*
Drôle d'époque !	*123*
Automne	*125*
La terreur	*127*
Sans aime et sans haine	*129*
Famées	*131*
Si j'avais su	*133*
Semblant	*137*
Pas tout compris ?	*139*

© Thierry Brayer

Éditeur : BoD – Books on Demand
12/14 rond-point des Champs Élysées, 75008 Paris
Impression : BoD – Book on Demand, Allemagne

ISBN : 978-2-3220174-2-3
Dépôt légal : Mai 2015